Couverture : Intimités secrètes par Jean Gounin - Détail -

1

Michel Sidobre

Dépôt Légal : 1 er trimestre 2018

ISBN : 978-2-9542890-4-5

2

ÊTRE

Michel SIDOBRE

La chatte

Sur le tapis solaire,
Au fil du carrelage,
Doucement étendue,
La chatte âgée somnole…

Détours matinaux

Rouge orangé et bleu céleste
Pour mes premiers pas du matin.

Irréel, ce ciel,
Comme une colorisation
D'un film ancien…

…C'est mon présent pourtant
Et, encore des pas,
Des pas et des détours,
Comme pour retarder
L'arrivée…

Les détours de la vie…
Souvent bien meilleurs chemins
Qu'une route droite, trop tracée,
Où l'on n'arrive pas
…A se trouver…

Les courbes de la vie

Temps clair, temps calme.
La trace du vent
Incline les arbres.

Bientôt le Printemps
Mais l'Automne
Me marque.

Fin février

Bordant la pelouse
Du stade :
Une odeur d'herbe,
De terre, de vers de terre.

…Les pêches à la truite
Durant mon enfance
Lozérienne…

Mais j'attends de la vie,
Beaucoup plus…
A nouveau une exaltation,
La pleine sensation
De l'immédiateté au Monde.

Promenade en ville

Un petit souffle léger
De vent glacé.
L'air est transparent
Avec des brillances.

Jeux de soleil
Dans l'espace urbain.
Rafraîchissant !

Campagne

Ballons jaunes,
Air de Fête,
Dès mon lever,
Mercredi.

Publicité en apesanteur
Au-dessus de chaque voiture,
En bas, sur le parking.

Plus grand 'chose,
A mon retour,
Deux ou trois heures
Après…

La mouche messagère

La mouche vole dans l'air
Du salon
Où la porte-fenêtre
Est ouverte.

Les chattes somnolentes
Ne l'ont pas vue…
Son physique ingrat
Annonce, pourtant,
Le beau temps
Qui revient …

Monde beauté

Je ne suis loin
D'où le vent change…
Alors, profiter du soleil
Marcher dans l'air
Dans le temps libre…

S'ouvrir avant de
Refermer…
…Les yeux sur ce monde
Si beau !

Frissonner au temps
De Printemps
Succomber aux rayons
D'Eté !

Supporter, une fois encore,
Automne et Hiver,
En attendant
La Vie superbe !

Attente…

Les jours ne sont pas toujours calmes :
Anxiété, énervement, mal-être.

Vers la fin de journée,
En ce Printemps presque arrivé
Qui chauffe déjà comme un été,
Le grand apaisement vient,
La fatigue morale
Enfin dépassée.
Suit l'accablement bénéfique du corps.

J'enlève, enfin heureux,
Sous un soleil bienveillant,
Le linge étendu sur le toit,
Content d'être en action.

Matin, de jour

Dans un ciel estompé,
Le vent souffle
Sur la lune pâle,
Je marche…

Les visages du Temps

Faveur d'un soleil
A peine levé,
Une certaine douceur
Flotte sur le cimetière…

Quelques pas en arrière,
J'avais croisé une femme
Aux rides accentuées
Par le vent.

D'un éclairage à l'autre
Notre visage
Et notre esprit,
Resplendissent
Ou se ternissent.

Nuit

Sur le balcon,
Dans la nuit éclairée
Par les réverbères,
La petite chatte Lilou,
Frimousse blanche et tigrée,
Comme un lémurien
Des premiers âges,
Veille …

Silhouette

Une femme passe au loin,
Une tenue crème, d'été,
Comme quelque chose
Qui l'aiderait
A palpiter.
Ses cheveux
D'un blond blanc…

La vie, le beau temps,
L'espoir fou.

…Le mieux du corps,
Retrouver la respiration
De la jeunesse,
Où tout s'ouvre et où
L'on frémit…

Chemin de garrigue

Sur la falaise
Au-dessus de l'étang marin
La profusion florale règne.

Des plantes et des fleurs
Sans nom,
Des asphodèles, des aphyllanthes de Montpellier,
Des couleurs, des formes et des tailles…

Le thym blanc ou à peine teinté …

Dans le minuscule du détail,
Entre les pierres,
Des rouges, de l'indigo,
Mourons infimes ou autres plantes.

Les euphorbes en nuances vertes
Et jaunes, quant à elles,
Développent leur géométrisme
Conquérant…

On en oublie l'étang…

N'être

Ils sont en moi
Et hors de moi,
Les gens qui échangent
Un sourire
Et dont je ne connais
Presque rien.

Le vent dans les arbres

Le vent souffle
A travers le chemin,
Balayant les pins
Dont les aiguilles
Semblent blanchir…

Sous l'air et le soleil,
Jeux de faces
Et de surfaces,
Miroitements …

Aux disparus

Mes pas sur le gravier
Dans le silence du matin…

D'une inclinaison, d'une inclination,
J'ouvre le jet de l'arrosoir
Qui se déverse en glougloutant
Régulièrement
Dans la jardinière…

Recueil de la terre avide,
Soulagement des ficoïdes,
Recueillement…

Êtres qui furent
Les miens…

Nous

Les gens sont
Et les gens deviennent.

Nous ne changeons guère
Vraiment, au fond de nous.

Quant à la surface :
Elle se ride un peu
Mais l'enfant peureux
Ou intrépide,
Demeure,
Semblablement.

En ce monde de guêpes

Deux tabourets, près des poubelles :
La belle aubaine dont je profite prestement
En les montant jusqu'à l'étage …

Vers la fin de la promenade qui suit
Des guêpes patrouillent
Au-dessus d'un épais tapis
De fleurs jaune-vert
Répandues sous un mélia.

Qu'inspectent-elles ainsi,
Que trouvent-elles donc,
En ce monde si bas ?

A la plage

Des dragons d'écume blanche
Poursuivent des proies invisibles
En parallèles successives et décalées...

...Je les observe
Depuis ma serviette,
En position de survie,
Pour être moins dans l'inconfort
Des reliefs du sable.

Je vois,
Comme une caméra renversée,
Le spectacle simple
Du mouvement de l'eau.

Contentement

J'ai vu le film achevé
Dans la boutique de sport de Stéphane…

J'en reviens silencieux,
Dans une douceur intérieure
Et aussi ambiante
De cette mi-septembre.

Sentiment pur
D'un travail accompli.
Pas orgueil
Mais amour-propre,
Amour d'un cinéma
Qui se crée, un peu,
Année après année.

Puis, comme un débordement,
Un envahissement émotionnel …

Si solitaire est le chemin…

Une voiture vient de passer…

Un silence matinal
Tombe sur l'avenue,
Je peux entendre mes pas,
Et, parfois, le crissement
De quelques gravillons.
Je réalise ainsi que ma marche vitale
Demeure solitaire…

Le temps est couvert
Mais beau, curieusement…

Fin octobre

Ambiance mouillée,
Feuilles nouvelles
Aux frondaisons.

Un sursaut de verdeur
Pour éviter l'Hiver…

Il faudra pourtant
Aller vers plus de froid
Pour retrouver
Joyeusement
Le gai Printemps…

Lever de fin octobre

Piailleurs, chieurs,
Les étourneaux des arbres.

Dans le matin, pourtant,
Ils m'ouvrent l'horizon
D'une journée qui vient
Dont le vent me caresse…

Beau novembre

Beau novembre,
Que j'aime la vie !

…Le vent quand j'avance
Face à l'éclat de soleil
Sur l'étang.

Beau novembre,
A bientôt pour le Printemps !

Beau novembre,
Fais-donc attendre ma Mort !

29

Demeurer

C'est moi qui reste,
C'est elle qui part...

Qu'est-ce qui de mon être
Ou de mon paraître... ?

C'est moi qui reste
Toujours sans savoir
Vraiment qui je suis...

Michel Sidobre

Dépôt Légal : 1 er trimestre 2018

ISBN : 978-2-9542890-4-5

www.ingramcontent.com/pod-product-compliance
Lightning Source LLC
Chambersburg PA
CBHW071803020426

42331CB00008B/2396